Einsterns Schwester

2

Themenheft 1

Sprachgebrauch und Sprache untersuchen und reflektieren

Herausgegeben und erarbeitet von
Roland Bauer, Jutta Maurach

In Zusammenarbeit mit
der Redaktion Grundschule Deutsch 2–4

Cornelsen

Inhaltsverzeichnis

6 Oberbegriffe und Wortfelder

7 Zusammengesetzte Wörter

8 Sätze

9 Entdeckungen bei Sprache und Schrift

So kannst du mit den Heften arbeiten

Du machst alle
Seiten der Lernportion 1.

Zuerst im
grünen Heft.

Dann im
roten Heft.

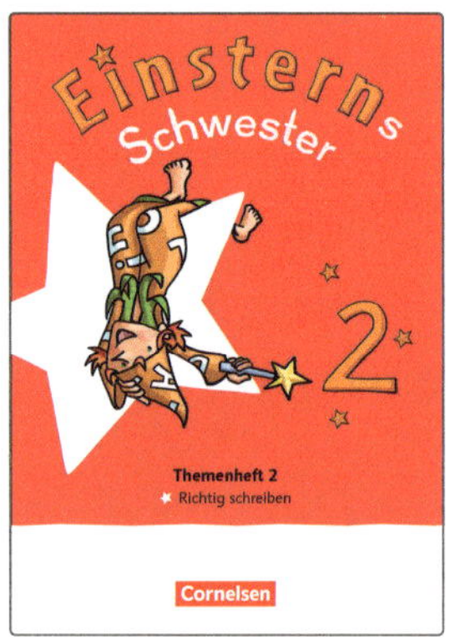

Dann im
gelben Heft.

Und dann im
blauen Heft.

Danach machst du in
allen Heften die Lernportion 2.

Nun machst du in
allen Heften die Lernportion 3.

Genauso bearbeitest du
alle anderen Lernportionen.

In diesem Heft
kannst du den
Grundwortschatz
vertiefend üben.

① Trage die Namen der Kinder in eine Tabelle ein.
Unterstreiche die großen Anfangsbuchstaben.

Heft 1, S. 5 ①

Mädchen	Jungen
Lisa ✓	Max ✓
…	…

②

Wörter für Menschen sind **Nomen** (**Substantive**).
Nomen schreibe ich groß:
die Mama, der Nachbar, das Kind.

① Schreibe zu den Personen die passenden Nomen für Verwandte auf.
Unterstreiche die großen Anfangsbuchstaben.

Heft 1, S. 6 ①
A: Mama ✓, B: …

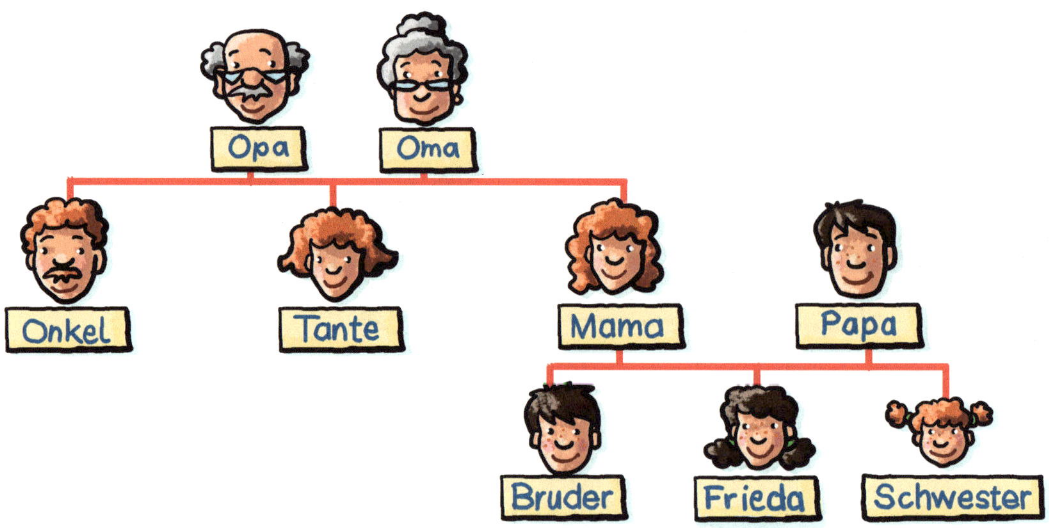

② Finde weitere Nomen für Menschen.
Unterstreiche die großen Anfangsbuchstaben.

Heft 1, S. 6 ②
…

(1) Ordne jedem Bild das passende Nomen zu.
Unterstreiche die großen Anfangsbuchstaben.

Heft 1, S. 7 ①
A: der <u>B</u>auer ✓
B: die <u>V</u>erkäuferin ✓
C: ...

Die weibliche Form
hat meist die Endung **in**.

A

B

C

D

E

F

G

H

I

die Pilotin | die Verkäuferin | der Frisör | der Bäcker | die Ärztin

der Koch | die Lehrerin | der Bauer | die Busfahrerin

(2) Finde noch andere Berufe.

Heft 1, S. 7 ②
...

1 Nomen für Tiere kennenlernen

Wörter für Tiere sind **Nomen** (**Substantive**).
Nomen schreibe ich groß:
die Ameise, der Fisch, das Zebra.

① Finde zu den Tieren die passenden Silben.
Schreibe die Nomen für die Tiere auf.
Unterstreiche die großen Anfangsbuchstaben.

Heft 1, S. 8 ①
die Fliege, …

Flie	Am	Mö	Spin	Ka	Nas
we	ge	sel	ter	horn	ne

② Finde in der Wörterschlange
sechs Nomen für Tiere.
Schreibe sie auf.
Unterstreiche die großen Anfangsbuchstaben.

Heft 1, S. 8 ②
der Luchs, …

L U C H S | W U R M K U H S C H L A N G E F I S C H P O N Y

③ Schreibe deine Lieblingstiere auf.

Heft 1, S. 8 ③
Meine Lieblingstiere sind …

1 Nomen für Tiere schreiben

(1) Schreibe nur die Nomen für Tiere auf.
Unterstreiche die großen Anfangsbuchstaben.

Heft 1, S. 9 ①
der Esel, ...

(2) Schreibe die Sätze vollständig auf.
Unterstreiche die Nomen für Tiere.

Heft 1, S. 9 ②
A: Die Katze jagt Mäuse.
B: ...

A	Die ___ jagt Mäuse.	B	Der ___ hat lange Ohren.
C	Der ___ schwimmt im Wasser.	D	Der ___ hat eine Mähne.
E	Der ___ krabbelt auf dem Blatt.	F	Der ___ hat einen Schnabel.

(3)

MK-Tipp: sich in Tierlexika oder mit Hilfe einer Kindersuchmaschine im Internet über Eigenschaften von Tieren informieren

Wörter für Pflanzen sind **Nomen** (**Substantive**).
Nomen schreibe ich groß:
die Rose, der Apfelbaum, das Gras.

① Ordne jedem Bild das passende Nomen zu.
Unterstreiche die großen Anfangsbuchstaben.

Heft 1, S. 10 ①
A: die Tulpe ✓, B: ...

A 

B 

C 

D 

E 

F 

G 

H 

der Busch | die Rose | die Tanne | der Birnbaum
die Tulpe | der Apfelbaum | der Löwenzahn | das Gras

② Schreibe einige Sätze zum Bild.
Unterstreiche die Nomen.

Heft 1, S. 10 ②
Im Garten ...

1 Nomen für Dinge kennenlernen

Wörter für Dinge
sind **Nomen** (**Substantive**).
Nomen schreibe ich groß:
die Butter, der Käse, das Messer.

Laptop,
Tablet, Smartphone:
Diese Nomen kommen aus
dem Englischen. Du sprichst sie
anders aus, als du sie
schreibst.

(1) Schreibe die Nomen für Dinge auf.

Heft 1, S. 11 ①
die Pizza ✓, ...

die Raupe | die Pizza | das Baby
die Blume | die Gabel | der Frosch
der Keks | die Flasche | der König | die Wurst
der Löffel | der Faden | die Kräuter

(2) Ordne jedem Bild das passende Nomen zu.
Unterstreiche die großen Anfangsbuchstaben.

Heft 1, S. 11 ②
A: der Laptop ✓, B: ...

A 

B 

C 

D 

E 

F 

das Tablet | der Laptop | das Smartphone
der Fernseher | das Radio | der MP3-Player

① Finde in jedem Rahmen zwei Nomen für Dinge.
Schreibe sie auf.
Unterstreiche die großen Anfangsbuchstaben.

Heft 1, S. 12 ①
A: Puppe, ...
...
B: ...
...
C: ...
...

A **Dinge im Kinderzimmer**

M B P U P P E A F L I N R A U T O E

F B A L L I N P A S N T E D D Y B

B **Dinge in der Schultasche**

R N H E F T A E T B U C H E O

N F T S T I F T F A F Ü L L E R

C **Dinge im Kleiderschrank**

S K L E I D F T N A M M A N T E L O

A H O S E D F G I K S O C K E N O

② **Dinge in der Wohnung**

1 Nomen erkennen

(1) Finde in jeder Reihe zwei Nomen.
Schreibe sie auf.
Unterstreiche die großen Anfangsbuchstaben.

	VOGEL	STECHEN
	KLEIN	
	SCHÖN	WALD
BÄCKER		SCHNELL

Heft 1, S. 13 ①
Korb, ...
...
...
...

Ich überlege:
Ist es ein Mensch,
ein Tier, eine Pflanze
oder ein Ding?

(2) Erkläre einem Partnerkind, wie du bei (1) vorgegangen bist.

(3) Schreibe den Text in dein Heft.
Ersetze die Bilder durch passende Nomen.
Unterstreiche die Nomen.

Heft 1, S. 13 ③
Mia geht ...

Mia geht mit ihrer Mutter in den .

Sie wollen  sammeln und

haben einen  dabei.

Eichhörnchen suchen  für ihren Wintervorrat.

Mia entdeckt in einem  einen kleinen .

2 Bestimmte Artikel kennenlernen

Ich sage **der**, **die**, **das**, wenn ich etwas Bestimmtes meine.

Nomen haben **bestimmte Artikel**:
<u>der</u> Bagger, <u>die</u> Bahn, <u>das</u> Schiff.

① Schreibe zu jedem Bild das passende Nomen mit Artikel. Unterstreiche die bestimmten Artikel.

Heft 1, S. 14 ①
A: <u>der</u> Bagger ✓
B: <u>das</u> ...
C: ...

A 

B 

C 

D 

E 

F 

das Boot | die Bahn | der Bagger

das Auto | das Schiff | der Bus

②

Bestimmte Artikel und Nomen zuordnen

(1) Gestalte ein Plakat.
Ordne die Nomen nach ihrem bestimmten Artikel.

Elefant | Katze | Pferd | Rüssel | Tatze | Zahn | Hummel | Ohr | Schwanz | Fell | Bein

(2) Ergänze die Tabelle auf deinem Plakat aus (1).
Finde zu jedem Artikel weitere Nomen.

(3) Schreibe die Sätze vollständig auf.
Unterstreiche die Artikel.

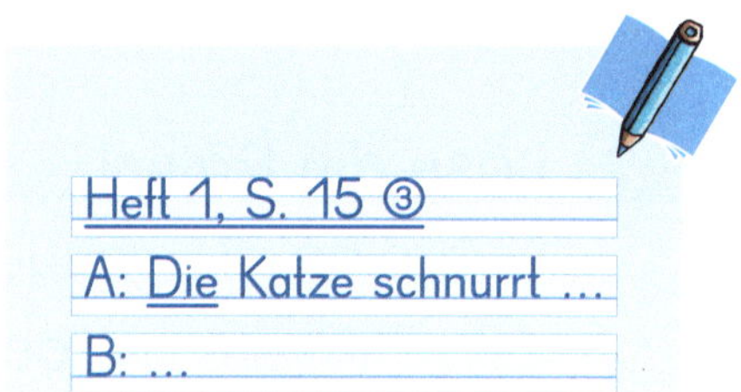

Katze

Pferd

Hummel

Elefant

A ___ ___ schnurrt zufrieden.

B Mit seinem Rüssel trompetet ___ ___ .

C Wenn sie fliegt, brummt ___ ___ .

D ___ ___ braucht vier Hufeisen.

2 Unbestimmte Artikel kennenlernen

Nomen haben auch **unbestimmte Artikel**:
ein Hafen, ein Lied, eine Kirsche.

(1) Trage die Nomen passend in eine Tabelle ein.

Kirsche | Lied | Dachs | Hafen

Nest | Schere | Ziege

Blatt | Insel | Turm | Zeh

Giraffe | Schlitten

Foto | Herz | Pflaume

Heft 1, S. 16 ①

ein	eine
Lied ✓	Kirsche ✓
...	...

(2) Löse die Rätsel.
Schreibe die gesuchten Nomen mit den Artikeln ein oder eine auf.

A Es ist dick und hat viele Seiten.

B Man kann damit schneiden und basteln.

C Damit kann ich eine gerade Linie zeichnen.

D Wenn du mit dem Bleistift schreibst, kannst du damit Fehler wegmachen.

Heft 1, S. 16 ②
A: ein Buch
B: ...

(3) Schreibe selbst ein Rätsel.
Lass ein anderes Kind dein Rätsel lösen.

Heft 1, S. 16 ③
...

① Ergänze in den Sätzen
der, die, das oder ein, eine.

Heft 1, S. 17 ①
ein Ball
der rote Ball
...

Im Gras liegt ___ Ball.
Es ist ___ rote Ball von Matteo.

Marta braucht heute ___ Jacke.
Sie nimmt ___ Jacke mit der Kapuze.

Viktor wünscht sich ___ Rennbahn.
Er mag ___ Rennbahn mit den vielen Kurven.

② Schreibe den Text in dein Heft.
Setze der, die, das oder ein, eine passend ein.

Heft 1, S. 17 ②
Früh am Morgen ✓
Auf der Straße ...

Früh am Morgen

Auf ___ Straße vor Tines Haus hört man ___ Fahrzeug mit viel Lärm vorbeifahren. Das ist bestimmt ___ Schulbus um 7:00 Uhr, denkt Tine. Kurz darauf hört sie ___ Auto. Es klingt wie ___ Auto von Herrn Schneider. Im Schlafzimmer klingelt erst ___ Wecker und dann pfeift ___ Wasserkessel in der Küche. Tines Bruder rennt ___ Treppe hinunter und poltert dabei wie ___ Nilpferd. Jetzt sind alle wach.

Plenum: an Beispielen beschreiben, in welchem Zusammenhang der bestimmte oder unbestimmte Artikel sinnvoll verwendet wird

Nomen gibt es in der **Einzahl** und in der **Mehrzahl**.
Der bestimmte Artikel von Mehrzahlwörtern ist **die**:
der Arm – <u>die</u> Arme, das Bein – <u>die</u> Beine.

(1) Ordne Einzahl- und Mehrzahlwörter zu.
Es entstehen zwei Lösungswörter.

Heft 1, S. 18 ①
1: der Arm ✓ – die Arme ✓, S
2: ...

1	der Arm	2	der Ring	3	das Bein	4	der Kopf
5	der Strumpf	6	der Hals	7	der Schuh		
S	die Arme	R	die Köpfe	E	die Ringe	H	die Beine
U	die Hälse	T	die Schuhe	G	die Strümpfe		

(2) Schreibe zu jedem Bild die Mehrzahl
und die Einzahl auf.
Unterstreiche bei der Mehrzahl die Endung e.

Heft 1, S. 18 ②
A: die Schuh<u>e</u> – der Schuh
B: ...

A

B

C

D

E

F

(1) Lies den Text einem Partnerkind vor.
Überlegt gemeinsam, welches Bild passt.
Besprecht, woran ihr das erkannt habt.

1

2

Zwei Jungen laufen an einem Frühlingstag zum See.
Am Wegrand beobachten sie kleine Schnecken zwischen den Blumen.
Beide Jungen tragen karierte Hosen, Brillen, Mützen und Jacken.
Die Fliegen fliegen, die Wolken spiegeln sich im Wasser und
die Enten schauen die Jungen neugierig an.

Aus
ein oder **eine**
wird in der Mehrzahl
viele.

(2) Trage alle zehn Mehrzahlwörter
aus (1) in eine Tabelle ein.
Unterstreiche die Endung n.

Heft 1, S. 19 ②+③+④

Mehrzahl	Einzahl
viele Jungen	ein Junge
viele Schnecken	eine Schnecke
...	...

(3) Ergänze in der Tabelle aus (2)
die Nomen in der Einzahl.

(4) Finde weitere Mehrzahlwörter mit n.
Ergänze die Tabelle aus (2).

3 Mehrzahlwörter mit **er** entdecken

① Ordne jedem Bild den passenden Satz zu.
Es entsteht ein Lösungswort.

Heft 1, S. 20 ①
L ...

B Mia hat viele schöne Bilder gemalt.

L Mia hat ein schönes Bild gemalt.

K Mama hat ein neues Kleid gekauft.

O Mama hat zwei neue Kleider gekauft.

P Damir hat ein Buch ausgeliehen.

L Damir hat drei Bücher ausgeliehen.

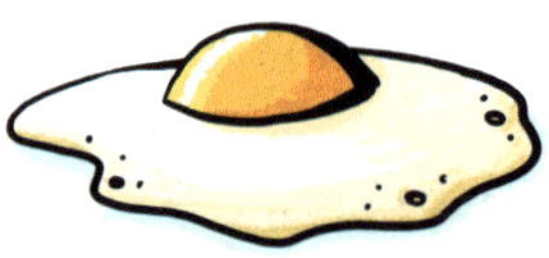

A Papa hat ein Ei gebraten.

E Papa hat vier Eier gebraten.

② Ordne die Nomen für Dinge aus ①.
Unterstreiche die Endung er.

③ Finde weitere Mehrzahlwörter mit er.
Ergänze die Tabelle aus ②.
Die Wörterliste hilft dir dabei.

Heft 1, S. 20 ②+③

Einzahl	Mehrzahl
ein Bild ✓	viele Bilder ✓
...	...

1

2 Trage die Nomen passend in eine Tabelle ein.

der Besen	die Brötchen
das Brötchen	die Besen
der Finger	die Computer
das Fenster	die Finger
der Computer	die Fenster

Heft 1, S. 21 ②+③

Einzahl	Mehrzahl
der Besen ✓	die Besen ✓
...	...

3 Findet weitere Mehrzahlwörter ohne Veränderung.
Ergänzt die Tabelle aus ②.
Die Wörterliste hilft euch dabei.

1. Finde alle Mehrzahlwörter.
   Trage sie in eine Tabelle ein.

die Blätter | die Eule | die Wolken | die Gabel | das Messer | die Wörter | die Schere | die Telefone | der Fisch | das Flugzeug | die Vögel | die Pflanzen | die Puppe | der Löffel | die Straßen

Heft 1, S. 22 ①+②

Mehrzahl	Einzahl
die Blätter ✓	das Blatt
…	…

2. Ergänze in der Tabelle aus ① die Nomen in der Einzahl.

3. Wähle sechs Nomen in der Mehrzahl aus ①. Schreibe passende Sätze mit den Nomen.

Heft 1, S. 22 ③

…

4.

Lernportion 3: Einzahl und Mehrzahl

Plenum: Einzahl- und Mehrzahlwörter vergleichen, Mehrzahlwörter ordnen (kategorisieren) und Beobachtungen beschreiben

Verben sagen, was Menschen, Tiere, Pflanzen und Dinge tun:
essen, bellen, blühen, rollen.
Verben schreibe ich klein.

1. Schreibe zu jedem Bild das passende Verb auf.

Heft 1, S. 23 ①
A: essen ✓
B: ...

A 

B 

C 

D 

E 

F 

G 

H 

trinken | schlafen | schneiden | malen
essen | rechnen | lesen | schreiben

2.

1. Bilde Verben und ordne sie den Nomen passend zu.

MP3-Player	Drucker	Kamera

hö	fil	dru
men	cken	ren

Heft 1, S. 24 ①
MP3-Player – hören
...

Tablet	Spielkonsole	Mikrofon

le	spre	spie
len	sen	chen

2. Schreibe sinnvolle Sätze auf.

Greta	spielt	in das Mikrofon.
Emet	liest	auf dem Tablet.
Samuel	filmt	an der Spielkonsole.
Hanna	spricht	mit der Kamera.

Heft 1, S. 24 ②
Greta ... ✓

1 Welche Wörter in den Rahmen sind Nomen, welche Wörter sind Verben?
Ordnet die Wörter passend in eine Tabelle ein.
Nutzt die Erklärungen der Kinder.

Heft 1, S. 25 ①

Nomen	Verben
Wolf	heulen
…	…

WOLF ✶ HEULEN | KICKEN ✶ BALL | WIESE ✶ BLÜHEN

RÄTSEL ✶ RATEN | LACHEN ✶ KIND | PFEIL ✶ FLIEGEN

2 Finde im Text alle Nomen und Verben und schreibe sie auf.

DIE SONNE SCHEINT. MAX GEHT AUS DEM HAUS. ER NIMMT SEIN RAD UND FÄHRT ZUM SEE. DORT TRIFFT ER SEINE FREUNDE.

Heft 1, S. 25 ②

Nomen	Verben
Sonne	scheint
…	…

Lernportion 4: Verben

Plenum: beschreiben, wie anhand der verschiedenen Merkmale Nomen und Verben erkannt und unterschieden werden können

Verben verändern sich, je nachdem, wer etwas tut:

Ich singe.	Wir singen.
Du singst.	Ihr singt.
Er/Sie/Es singt.	Sie singen.

(1) Wähle aus, was du gern tust.
Schreibe Sätze und
unterstreiche die Verb-Endung.

Heft 1, S. 26 ①
Ich bade gern. Ich …

baden

spielen

bauen

telefonieren

kochen

malen

schreiben

rennen

schwimmen

singen

(2) Finde weitere Verben.
Schreibe sie in der Ich-Form
und in der Du-Form auf.

Heft 1, S. 26 ②

Ich-Form	Du-Form
ich …	du …

Ich reise gern.

① Tim bereitet zusammen mit Oma einen Nudelauflauf zu. Schreibe den Text mit den richtigen Verbformen auf.

Heft 1, S. 27 ①
Er kocht die Nudeln.
Sie gießt ...

kochen	Er ___ die Nudeln.
gießen	Sie ___ das Wasser durch das Sieb.
füllen	Er ___ die Nudeln in eine Form.
schneiden	Sie ___ die Pilze.
mischen	Er ___ die Nudeln und die Pilze.
reiben	Sie ___ den Käse über die Nudeln.
schieben	Er ___ die Form in den Ofen.

② Lisa beschreibt, wie sie einen Apfelkuchen backt. Schreibe in der Sie-Form auf, was Lisa tut.

Heft 1, S. 27 ②
Sie verrührt Eier, Butter und Zucker.
Sie ...

Ich verrühre Eier, Butter und Zucker.

Ich siebe Mehl in die Schüssel.

Ich knete den Teig.

Ich rolle den Teig aus.

Ich schneide die Äpfel.

Ich lege die Apfelstücke auf den Teig.

Ich schiebe den Kuchen in den Ofen.

4 Verben in der Wir-Form und Ihr-Form finden

1

2 Schreibe einige Sätze von 1 in der Wir-Form und in der Ihr-Form auf. Unterstreiche die Verb-Endung.

Heft 1, S. 28 2
Wir tanzen zusammen.
Ihr tanzt zusammen.
Wir …

D 7

Lernportion 4: Verben

Plenum: beschreiben, wie Verben in allen Personalformen gebildet werden und wie sich Verben verändern, je nachdem, wer handelt

AH 27, 28

4 Unterschiedliche Verbformen bilden

1. Erstelle mit einem Partnerkind ein Plakat mit den unterschiedlichen Verbformen.

2.

⚀	ich	⚀	spielen
⚁	du	⚁	turnen
⚂	er, sie, es	⚂	bauen
⚃	wir	⚃	singen
⚄	ihr	⚄	malen
⚅	sie	⚅	hüpfen

Adjektive sagen, **wie** etwas ist:
nass, rund, lang.
Adjektive schreibe ich klein.

Wie ist Lola?
Lola ist **lustig**.

① Finde zu jedem Nomen das passende Adjektiv.
Schreibe Sätze.
Unterstreiche die Adjektive.

Heft 1, S. 30 ①
A: Der Ball ist rund.
B: …

A	Ball	B	Giraffe	C	Kissen	D	Eis
E	Gemüse	F	Kirsche	G	Koffer	H	Musik

schwer · weich · rund · laut · rot · gesund · groß · lecker

② Ordne Nomen und Adjektive passend zu.

Fuchs · Reh · Ameise · Krokodil

winzig · schlau · gefährlich · scheu

Heft 1, S. 30 ②+③
Fuchs ✓ – schlau ✓,
…

③ Ergänze die Liste aus ② mit eigenen Beispielen.

① Sieh dir das Bild an.
Schreibe passende Sätze zum Bild.
Unterstreiche die Adjektive.

Heft 1, S. 31 ①
Die Tasche ist <u>braun</u>.
...

Tasche	rot
Pullover	braun
Hose	grau
Mantel	grün

Haare	blau
Augen	schwarz
Knöpfe	lockig
Stiefel	rund

②

① Ordne die Gegensätze in eine Tabelle ein.

alt | süß | gesund | dick

reich | viel | richtig | groß

arm | klein | jung | falsch

dünn | krank | sauer | wenig

Heft 1, S. 32 ①

Gegensätze	
alt ✓	jung ✓
…	…

② Schreibe die Sätze vollständig auf.
Unterstreiche die Gegensätze.

A Feuer ist nicht kalt, sondern ___ .

B Kinder sind nicht alt, sondern ___ .

C Die Schnecke ist nicht schnell, sondern ___ .

D Federn sind nicht schwer, sondern ___ .

E Licht ist nicht dunkel, sondern ___ .

Heft 1, S. 32 ②

A: Feuer ist nicht kalt,
sondern heiß.

B: …

③ Wähle mindestens ein Adjektiv aus.
Finde das Gegensatz-Adjektiv.

klug | schmutzig

hart | stumpf

Heft 1, S. 32 ③

…

Adjektive können sich verändern:
krank – der kranke Franz.

Die nette Lola
hilft euch oft!

1 Ordne jedem Bild das passende Adjektiv zu.
Schreibe Sätze.
Unterstreiche die Adjektive.

Heft 1, S. 33 ①
A: Fritz ist traurig.
B: Marie ist …

A  Fritz

B  Marie

C  Igor

D  Greta

E  Finja

F  Ella

lustig | krank | erschrocken | traurig | wütend | stark

2 Schreibe die Adjektive aus ① vor die Nomen.
Unterstreiche die Endungen.

Heft 1, S. 33 ②
A: der traurige Fritz
B: …

5 Rätsel lösen und erfinden

(1) Lies die Rätsel.
Schreibe die Lösung auf.

Heft 1, S. 34 ①
A: Es ist ...
B: ...

A

Es ist lang,
es ist spitz,
man schreibt damit.
Es ist ...

B

Es ist rund,
es ist hohl,
es kann hüpfen.
Es ist ...

(2) Schreibe selbst ein Rätsel. Du kannst dazu aus den Bildern ein Nomen auswählen. Beschreibe das Nomen mit passenden Adjektiven. Unterstreiche die Adjektive.

Heft 1, S. 34 ②
Es ist ...

(3)

Für Nomen, die zusammengehören, gibt es einen **Oberbegriff**:
Apfel, Banane und Kirsche sind Obst.
Montag, Mittwoch und Sonntag sind Wochentage.

① Ordne die Nomen dem passenden Oberbegriff zu.

Heft 1, S. 35 ①

Spielzeug	Werkzeug
Ball ✓	Hammer ✓
...	...

Hammer

Ball

Puppe

Zange

Bohrer

Teddy

Jo-Jo

Säge

Eisenbahn

Schere

② Notiere aus jeder Zeile das Nomen, das nicht zum Oberbegriff passt.

Heft 1, S. 35 ②
A: ...

A **Lebensmittel**  Brot | Hemd | Quark | Salat

B **Medien**  Smartphone | Laptop | Schaufel | Radio

C **Möbel**  Sessel | Tisch | Bett | Segel

6 Nomen zu Oberbegriffen und Oberbegriffe finden

1 Finde zu den Nomen den passenden Oberbegriff.

A Flöte | Geige | Klavier | Trommel

B Hose | Hemd | Bluse | Pullover

C Meerschweinchen | Katze | Hund | Hamster

D Auto | Bus | Traktor | Lastwagen

Heft 1, S. 36 ①
A: Musikinstrumente
B: ...

2 Bestimme selbst einen Oberbegriff und finde möglichst viele passende Nomen dazu. Beispiele:

Möbel | **Gebäude** | **Lebensmittel** | **...**

Heft 1, S. 36 ②
Oberbegriff: ...

3 Überlege, nach welchen Oberbegriffen du die Nomen sortieren kannst. Vergleiche mit einem Partnerkind. Besprecht eure Vorgehensweise.

Tee

Limonade

Pudding

Sprudel

Jogurt

Spinat

Salat

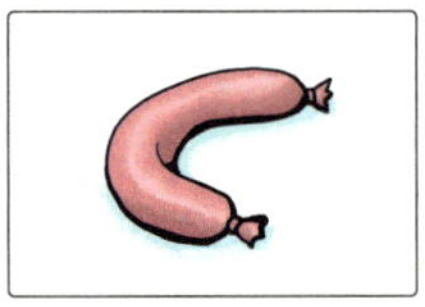

Kaffee

Leberwurst

Wörter mit einer ähnlichen Bedeutung bilden ein **Wortfeld**:
sagen, flüstern und erzählen gehören zum Wortfeld sprechen.

1. Ordne die Verben nach den Wortfeldern in eine Tabelle ein.

schauen | rufen | betrachten | erzählen | blicken | flüstern | brüllen | beobachten | sagen | gucken | reden

Heft 1, S. 37 ①

Wortfeld sprechen	Wortfeld sehen
rufen ✓	schauen ✓
...	...

2. In jeder Zeile passt ein Verb nicht zum Wortfeld. Finde dieses Verb und schreibe es auf.

Heft 1, S. 37 ②+③
schnarchen ✓, ...

Wortfeld essen	schmatzen	kauen	schnarchen	schlürfen
Wortfeld geben	schenken	träumen	liefern	überreichen
Wortfeld malen	dösen	zeichnen	färben	anstreichen
Wortfeld streiten	zanken	kämpfen	raufen	schlummern

3. Ergänze im Hefteintrag zu ②, zu welchem Wortfeld die gefundenen Verben gehören.

6 Verben eines Wortfeldes untersuchen

(1)

(2) Wähle die passenden Verben aus und ordne zu.

A durch die Landschaft gehen

B laut gehen

C schnell gehen

D leise gehen

| wandern, spazieren | schleichen, huschen |
| trampeln, stampfen | rennen, sausen |

(3) Gestalte zusammen mit einem Partnerkind zu einem anderen Verb ein Plakat wie in (1).

D 9

Lernportion 6: Oberbegriffe und Wortfelder

MK: ein Plakat gestalten

6 Mit Wortfeldern und Oberbegriffen umgehen

(1) Lies den Text.
Finde vier Verben aus dem Wortfeld sprechen und drei Verben aus dem Wortfeld sehen.

Heft 1, S. 39 ①
sprechen: …
sehen: …

Amir und Kira entdecken auf dem Gehweg einen großen schwarzen Käfer. Sie betrachten ihn genau und beobachten, wie er schnell in Richtung Straße krabbelt. „Halt, pass auf!“, ruft Kira, als ein anderes Kind sich nähert. „Wir müssen ihn retten“, sagt Amir. Er nimmt den Käfer vorsichtig auf die Hand und trägt ihn auf die Wiese. Zu Hause erzählen die beiden von ihrem Erlebnis. Die Mutter lobt: „Das habt ihr gut gemacht.“

(2)

Lernportion 6: Oberbegriffe und Wortfelder

Plenum: im Rahmen von Ratespielen passende Nomen zu Oberbegriffen nennen (und umgekehrt) und zu Wortfeldern passende Verben nennen (oder umgekehrt)

Zusammengesetzte Nomen beschreiben Dinge genauer:
Ball – Fußball, Kuchen – Apfelkuchen.
Zusammengesetzte Nomen schreibe ich am Wortanfang groß.

① Schreibe die zusammengesetzten Nomen auf.
Unterstreiche die großen Anfangsbuchstaben.

Heft 1, S. 40 ①
Kuchenteller, …

Kuchen – Teller
Kuchen – Form
Kuchen – Teig
Kuchen – Gabel

Apfel – Kuchen
Käse – Kuchen
Nuss – Kuchen
Mohn – Kuchen

Das erste Nomen beschreibt das zweite Nomen genauer.

② Finde zusammengesetzte Nomen mit Brot und Suppe.

③ Finde zusammengesetzte Nomen mit selbst gefundenen Nomen.

Heft 1, S. 40 ②+③
Brot: Butterbrot, Vollkornbrot, …
Suppe: …
…

1 Schreibe immer das Nomen auf,
das genauer beschrieben wird.

Heft 1, S. 41 ①
A: der Tropfen
das Wasser
...
B: ...

A
- der Regentropfen
- das Regenwasser
- der Regenschirm

B
- die Windmühle
- das Windrad
- die Windjacke

C
- die Schneeflocke
- der Schneeball
- der Schneeanzug

D
- der Hausschlüssel
- der Fahrradschlüssel
- der Kellerschlüssel

2 Betrachte die Artikel der Nomen, die genauer beschrieben werden,
und die Artikel der zusammengesetzten Nomen.
Besprich deine Entdeckungen mit einem Partnerkind.

3

Lernportion 7: Zusammengesetzte Wörter

Plenum: Entdeckungen im Zusammenhang mit verwendeten Artikeln bei zusammengesetzten Nomen vorstellen

Vorsilben sind Wortbausteine.
Vorsilben verändern die Bedeutung von Wörtern:
schlafen, einschlafen, ausschlafen,
schreiben, verschreiben, vorschreiben.

1 Setze passende Verben mit den Vorsilben ein und aus ein.

ein | aus

schlafen | packen | schalten | führen

Heft 1, S. 42 ①
A: Manchmal kann ich
abends nicht einschlafen.
Dann möchte ich …
B: …

A Manchmal kann ich abends nicht ___ .
Dann möchte ich am Morgen ___ .

B Vor der Sendung werde ich den Fernseher ___ .
Nach der Sendung muss ich ihn ___ .

C Vor der Reise müssen wir unsere Sachen ___ .
Nach dem Urlaub werden wir sie wieder ___ .

D Wir wollen feste Regeln ___ .
Deshalb muss ich Imo jeden Morgen ___ .

2 Bilde zu den Vorsilben be, zer und über je zwei zusammengesetzte Verben.

kommen | teilen | reißen

grüßen | legen | holen

Heft 1, S. 42 ②
be: bekommen, …
zer: …
über: …

Lernportion 7: Zusammengesetzte Wörter

Plenum: an Beispielen beschreiben, wie unterschiedliche Vorsilben die Bedeutung von Verben verändern, die unterschiedlichen Bedeutungen erklären

③ Lies abwechselnd mit einem Partnerkind.
Setzt in jedem Kasten einmal die Vorsilbe ver
und einmal die Vorsilbe vor ein.

sich im Heft ☆☆☆schreiben
jemandem etwas ☆☆☆schreiben

sich nach einem Streit ☆☆☆tragen
ein Lied ☆☆☆tragen

die Stimme ☆☆☆stellen
die Freundin ☆☆☆stellen

ein Gedicht ☆☆☆sprechen
einem Freund etwas ☆☆☆sprechen

④ Besprecht die unterschiedlichen Bedeutungen der Verben aus ③.

⑤ Findet weitere Beispiele mit den Vorsilben ver und vor wie in ③.

Heft 1, S. 43 ⑤
…

8 Aussagesätze kennenlernen

Ein **Aussagesatz** erzählt, was geschieht.
Den Satzanfang schreibe ich immer **groß**.
Am Satzende mache ich einen **Punkt**.
Auf dem Tisch stehen Teller.

Satzanfänge und Nomen schreibe ich groß.

① Bilde Aussagesätze. Denke an den großen Buchstaben am Satzanfang und den Punkt am Satzende.

Heft 1, S. 44 ①
Tim baut eine Sandburg.
Seine …

eine Sandburg	Tim	baut

ihm	hilft	seine kleine Schwester

legt	Papa	auf den Grill	die Würstchen

die Zeitung	liest	Mama

genießen	den Sommertag	alle

Satztreppen lesen und schreiben

(1) Lies die Satztreppen abwechselnd mit einem Partnerkind.

a) Tim liest.

Tim liest abends.

Tim liest abends mit der Taschenlampe.

Tim liest abends mit der Taschenlampe unter der Bettdecke.

b) Lisa spielt.

Lisa spielt im Garten.

Lisa spielt im Garten mit ihrem Bruder.

Lisa spielt im Garten mit ihrem Bruder Fußball.

(2) Schreibe Satztreppen.
Setze an jedem Satzende einen Punkt.

Heft 1, S. 45 ②
Lisa träumt. ✓
Lisa träumt oft. ✓
...

| Lisa träumt | oft | vom Urlaub | am Meer |

| Imo schläft | immer | im Korb | an der Tür |

(3) Denke dir eine Satztreppe aus
und schreibe sie auf.

Heft 1, S. 45 ③
...

Ein Satz, mit dem man etwas fragt, heißt **Fragesatz**.
Danach steht ein **Fragezeichen**.
Wie alt bist du? Lesen Sie gern?

Sie
ist eine höfliche Anrede
für Erwachsene.

1 Lisa stellt ihrer Lehrerin Fragen.
Ordnet Fragen und Antworten richtig zu.
Lest mit verteilten Rollen.

Wie alt sind Sie?

Ja, ich habe zwei Söhne.

Wo wohnen Sie?

Ich bin 45 Jahre alt.

Haben Sie Kinder?

Ich wohne in einem alten Bauernhaus.

Was machen Sie in Ihrer Freizeit am liebsten?

Meine Ferien verbringe ich gerne am Meer.

Wohin fahren Sie in den Urlaub?

Am liebsten gehe ich tanzen oder treibe Sport.

2 Stellt selbst Fragen für ein Interview zusammen.
Wählt eine Person, zum Beispiel
den Hausmeister, eine Nachbarin …

Heft 1, S. 46 ②
…

Lernportion 8: Sätze

MK-Tipp: ein Interview aufnehmen

AH 59

1 Ergänze einen Punkt oder ein Fragezeichen.
Schreibe das passende Satzzeichen auf.

Heft 1, S. 47 ①
A: ? B: ...

A
In welcher Jahreszeit
kann man
Schlitten fahren

B
Was ist Schnee

C
Schnee ist Wasser,
das zu Eiskristallen
gefroren ist

D
Kommt bei einem Gewitter
zuerst der Donner
oder der Blitz

E
Zuerst blitzt es,
dann folgt der Donner

F
Im Winter kann man
Schlitten fahren

G
Wann entsteht
ein Regenbogen

H
Woher kommen
Wärme und Licht
auf der Erde

I
Die Strahlen der Sonne
erwärmen und erhellen
die Erde

J
Ein Regenbogen entsteht,
wenn es regnet und gleichzeitig
die Sonne scheint

2 Schreibe drei Fragesätze aus ① in dein Heft.
Ergänze passende Antwortsätze.

Heft 1, S. 47 ②
...

In einem **Ausrufesatz** wird etwas ausgerufen.
Danach steht ein **Ausrufezeichen**.
Achtung, ein Radfahrer! Hurra, endlich Ferien!

① Ordne die Ausrufesätze den Bildern passend zu.

Heft 1, S. 48 ①
A: Toll, keine Hausaufgaben! ✓
B: ...

Hurra, endlich Ferien! | Mmh, schmeckt das lecker! | Achtung, ein Radfahrer! | Kommt, wir kaufen Eis! | Gute Reise, Frau Riedel! | Toll, keine Hausaufgaben!

A

B

C

D

E

F

② Findet gemeinsam weitere Beispiele für Ausrufesätze.
Ausrufe können gute oder schlechte Gefühle ausdrücken, vor Gefahren warnen oder Verbote mitteilen.

8 Ausrufesätze bilden

(1) Ordne die Stichwörter den Schildern zu.
Bilde passende Ausrufesätze.

Handy | Inliner | Feuer

Schuhe | Eis | Wasser

benutzen | trinken | fahren

anzünden | tragen | essen

A 

B 

C 

D 

E 

F 

Heft 1, S. 49 ①
A: Handy benutzen verboten!
B: ...

(2) Schreibe passende Verbote auf.

A 

B 

Heft 1, S. 49 ②
A: ...
B: ...

(3) Male selbst Schilder und schreibe Verbote dazu auf.

Heft 1, S. 49 ③
...

8 Satzzeichen einsetzen

① Lest abwechselnd die Sätze. Besprecht, welche Satzzeichen eingesetzt werden müssen.

Lisa ist mit ihren Freundinnen im Schwimmbad

Mara ruft: „Los, wir springen vom Dreimeterbrett

Bist du schon mal gesprungen “

Lisa zittert und läuft langsam zur Treppe

Sie klettert als Letzte hinauf

Alle rufen aufgeregt durcheinander:

„Wer springt zuerst “

„Lisa, hast du etwa Angst “

„Du bist ein Feigling “

„Los, spring schon “

Lisas Herz klopft wie verrückt

Sie springt Als sie auftaucht, sieht sie,

dass die anderen wieder heruntergeklettert sind

Sie ruft: „Selber Feiglinge “

Aber sie lacht dabei

① In der deutschen Sprache verwenden wir viele englische und französische Wörter.

Heft 1, S. 51 ①
a) airport ✓ – Flughafen ✓
...

a) Ordne englische Wörter und deutsche Bedeutungen zu.

airport
party
team
flyer

Feier
Handzettel
Flughafen
Mannschaft

b) Ordne französische Wörter und deutsche Bedeutungen zu.

parcours
étage
madame
dessert

Nachspeise
Frau
Rundweg
Stockwerk

② Betrachte die Tabelle. Finde Unterschiede der Sprachen. Besprich deine Entdeckungen mit einem Partnerkind.

Deutsch	Englisch	Französisch
die Rose	the rose	la rose
der Film	the film	le film
das Restaurant	the restaurant	le restaurant

Lernportion 9: Entdeckungen bei Sprache und Schrift

Plenum: Wörter aus unterschiedlichen Sprachen vergleichen, Gemeinsamkeiten und Unterschiede beschreiben
MK-Tipp: Wörter in einem Internetwörterbuch suchen und Aussprache anhören

9 Wörter aus verschiedenen Dialekten untersuchen

① Verstehst du die Dialekte?
Ordne zu.

Heft 1, S. 52 ①
A: Stulle ✓ – Brotscheibe ✓
Schrippe – …
Pulle – …
B: …

A Berliner Dialekt

Stulle	Brötchen
Schrippe	Flasche
Pulle	Brotscheibe

B Hamburger Dialekt

Deern	Gespräch
Schnack	Flasche
Buddel	Mädchen

C Bayerischer Dialekt

Bub	Fahrrad
Semmel	Junge
Radl	Brötchen

② Sammelt Wörter aus einem Dialekt.
Ergänzt die Bedeutung.

Heft 1, S. 52 ②
…

① Sieh dir die Tafel mit den arabischen Schriftzeichen an.

a	ا	h	ه	i, j	ي
e	ى	k	ك	t	ت
b	ب	l	ل	weiches s	ز
p	پ	m	م	scharfes s	س
d	د	n	ن	sch	ش
f	ف	o, u, v, w	و		
g	غ	r	ر		

②

9 Wörter mit zwei Bedeutungen kennenlernen

① Teekesselwörter haben unterschiedliche Bedeutungen.
Finde mit einem Partnerkind zu jedem Wort die beiden Bilder.

Hahn	Schloss	Löwenzahn	Blatt

②

9 Geheimschriften entschlüsseln

① Entziffere die Geheimschriften.

A

!etieS etztel eid tsi seiD

B

D B S E N C L U R U H

U I T I S H A E F C S !

C

A 1	B 2	C 3	D 4	E 5	F 6	G 7
H 8	I 9	J 10	K 11	L 12	M 13	
N 14	O 15	P 16	Q 17	R 18	S 19	T 20
U 21	V 22	W 23	X 24	Y 25	Z 26	

4 21 8 1 19 20 5 19

7 5 19 3 8 1 6 6 20 !

②

Einsterns Schwester 2

Themenheft 1
Sprachgebrauch und Sprache untersuchen und reflektieren

Herausgegeben von: Roland Bauer, Jutta Maurach

Erarbeitet von: Roland Bauer, Jutta Maurach
in Zusammenarbeit mit der Redaktion Grundschule Deutsch 2–4

Begutachtung: Melanie Beckmann (Niedersachsen), Katrin Bertram (Brandenburg), Angelika Borrmann (Schleswig-Holstein), Claudia Hoeschen (Schleswig-Holstein), Alexandra Mangold (Baden-Württemberg), Julia Schäfer (Hessen), Simone Schick (Nordrhein-Westfalen), Carmen Weidhase (Thüringen)

Redaktion: Sabine Gerber, Milena Lemke, Kristina Meyer, Martina Schramm

Illustration: Yo Rühmer, Frankfurt am Main

Umschlaggestaltung: Cornelia Gründer, agentur corngreen, Leipzig

Layout und technische Umsetzung: lernsatz.de

www.cornelsen.de

1. Auflage, 1. Druck 2022

Alle Drucke dieser Auflage sind inhaltlich unverändert
und können im Unterricht nebeneinander verwendet werden.

Druck: H. Heenemann, Berlin

ISBN 978-3-06-084852-2 (Themenheft, Leihmaterial)

PEFC/04-31-1156

PEFC zertifiziert
Dieses Produkt stammt aus nachhaltig bewirtschafteten Wäldern und kontrollierten Quellen.

www.pefc.de